INGRID BIERMANN

Sinne erleben in der Krippe

HERDER
FREIBURG · BASEL · WIEN

MIX
Paper from responsible sources
FSC® C010798
www.fsc.org

Völlig überarbeitete Neuausgabe von Spiele zur Wahrnehmungsförderung für Kinder ab ½ Jahr 2022 (3. Gesamtauflage)

www.herder.de

Umschlaggestaltung: Stefan Weigand
Illustrationen auf dem Cover: © TopVectors – GettyImages
Illustrationen im Innenteil: © GraphicsRF – Adobe Stock
Fotos im Innenteil: S. 13: © Martinan – GettyImages, S. 19: © jandrielombard – GettyImages, S. 42: © Lokibaho – GettyImages, S. 49: © miodrag ignjatovic – GettyImages, S. 57: © StockPlanets – GettyImages, S. 67: © Liderina – GettyImages, S. 81: © poplasen – GettyImages

Satz und Gestaltung: Sabine Ufer

Herstellung: Graspo CZ, Zlín
Printed in the Czech Republic

ISBN Print 978-3-451-39349-5
ISBN E-Book (PDF) 978-3-451-82760-0
ISBN E-Book (EPUB) 978-3-451-82766-2

Inhalt

Vorwort

Welches ist das liebste Spielmaterial von Kindern ab einem halben Jahr? Womit beschäftigen sie sich am liebsten? Wenn Sie die Kinder beobachten, werden sie schnell feststellen, wie eine kunterbunte Beschäftigungs-Hitliste aussehen sollte: in der feuchten Erde matschen, Regenwürmer sammeln, den Sand durch die Finger rieseln lassen, genussvoll eine Banane im Mund zermatschen, mit nackten Füßen durch Pfützen laufen ... Die Kinder wollen grundsätzlich alles, was neu ist, aktiv untersuchen.

Die Welt entdecken in Bewegung

Neugier ist der Motor allen Tuns bei den kleinen Welteroberern. Sie krabbeln, rollen und hüpfen, klettern und springen und widmen sich den Dingen manchmal mit ganz viel Zeit und überraschender Ausdauer. Auf diese Weise verschaffen sie sich Informationen über Materialien und ihre Beschaffenheit, über das Funktionieren von Dingen. Spielen, ausprobieren, erkunden – Schritt für Schritt werden die Kleinsten sicherer im Umgang mit Unbekanntem.
Bei all den Erfahrungen, die die Kinder machen, helfen ihnen ihre eigenen Werkzeuge, nämlich die sieben Sinne. Mit Hilfe ihrer Wahrnehmung können sie die Welt be-greifen. Dabei müssen sie alles konkret erfahren, alles Unbekannte für sich entdecken und sich damit „bekannt" machen. Nur durch eigenes Erforschen und Experimentieren können sie verstehen lernen und in dieser Welt ankommen.

Von Anfang an geht's sinn-voll zu

In einer Umgebung, die interessante Impulse bietet, bleibt kein Kind inaktiv. Schon im Säuglingsalter reagiert es auf seine Umwelt und nimmt aktiv am Leben teil. So nutzt es bereits mit drei Monaten seine akustische Wahrnehmung und reagiert durch aktives Hinterherschauen auf Geräusche und Stimmen. Mit etwa vier Monaten setzt es intensiv seinen Tastsinn ein und beschäftigt sich so mit Dingen, die es greifen kann. Es nimmt über Laute mit der

Umgebung Kontakt auf. Etwa ab dem siebten Monat greift es das, was es sieht, mit Daumen und Zeigefinger. Mit etwa elf Monaten beginnt das Kind zu krabbeln und sein Interesse an der weiteren Umgebung wächst. Seine Freude an Liedern, Fingerspielen, kleinen Geschichten, Bilderbüchern und rhythmischen Spielen nimmt zu. Das Kind ist stets aufnahmebereit für neue und höchst interessante Erfahrungen. Die sensible Unterstützung der sinnlichen Wahrnehmung in und mit einer anregungsreichen Umgebung ist eine wichtige pädagogische Aufgabe der Bezugspersonen des Kindes.

Auf die sichere Bindung kommt es an

Dabei sind nicht nur sinnliche Erfahrungen Teil der Selbst- und Welterfahrung des Kindes, sondern natürlich auch die Erfahrungen über die Emotionen. Die pädagogische Fachkraft oder die Bezugsperson kann durch eine genaue Beobachtung der Kleinsten (ihrer Handlungen und Gefühlsäußerungen) ein immer besseres Verständnis für jedes einzelne Kind entwickeln und sensibel auf seine Bedürfnisse eingehen. Die beste Grundlage für die kindliche Entwicklung ist, dass sich das Kind angenommen und verstanden fühlen kann und spürt, dass seine Bezugspersonen ihm Zeit geben und ihm Raum lassen, damit es seine Umwelt selbst entdecken, wahrnehmen und verstehen kann.

Alle Spiele sind mit Altersangaben versehen. Diese sind als Hinweise zu verstehen, die individuell auf die Gruppe oder das einzelne Kind abgestimmt werden müssen. Haben Sie das Spiel der Kleinen jederzeit aufmerksam im Blick, spielen Sie aktiv mit, damit Sie schnell und pädagogisch sinnvoll reagieren können.

Materialien für die Sinne

Geeignete Spielmaterialien für die Wahrnehmungsförderung für Kinder ab einem halben Jahr sind die einfachen Dinge ihrer Umwelt. Dazu gehören Naturmaterialien, die auf jeder Wiese, im Park oder auf dem Spielplatz zu finden sind. Oder Alltagsmaterialien, die ihnen vertraut sind, ihre Sinne ansprechen und ihre Erfahrungen erweitern; die ihre Experimentierfreude anregen und ihrem ganz eigenen Spielbedürfnis entsprechen. Darum sind Dosen, Wäscheklammern, Kissen, Kartons, Deckel und Töpfe, Steine, Stöckchen, Blätter und Sand ein ideales Spiel- und Sinnesmaterial. Matratzen, Hocker und Bänke fordern zum Klettern und Hüpfen auf. Mit Rasierschaum, Matsche, Kleister und Farbe können die Kinder mit viel Spaß Spuren hinterlassen und neue Ausdrucksmöglichkeiten entdecken.

Achtung: Im Umgang mit Kleinteilen müssen Kinder unter drei Jahren kontinuierlich beaufsichtigt werden. Achten Sie darauf, dass Kinder sich an Spielmaterialien nicht verletzen oder diese verschlucken können (Erstickungsgefahr).

Elementare Erfahrungen

Vielfältige Materialien öffnen und sensibilisieren die Sinne der Kinder für verschiedenartige Erfahrungen. Ganz elementare Erfahrungen machen die Jüngsten draußen in der Natur. Nirgendwo sonst werden alle Sinne so intensiv angeregt. Wenn ein Draußen-Spieltag auf dem Programm steht, dann ist das ein Fest für die Sinne. Pure Spielfreude und Spielspaß entwickeln sich, wenn die Kinder den Wind an Beinen und Armen spüren, die Nässe auf der Haut, die weichen Blätter, den steinigen Boden, die matschige Erde ... Draußenspielen steht ganz oben auf der Liste der Lieblingsbeschäftigungen der Jüngsten!

Ich wünsche Ihnen und Ihren Kindern viel Freude beim Spielen und Erleben mit allen Sinnen!

Ingrid Biermann

Kapitel 1

Spielmaterialien für die Sinne

Kinder und besonders Kleinstkinder brauchen nur wenig vorgefertigtes Spielzeug und keinen perfekt ausgestatteten Gruppenraum. Was Kinder brauchen, ist eine Umgebung, die einlädt, aktiv zu sein, sich zu bewegen, sich kreativ zu entfalten und auszuruhen. Mit Alltagsgegenständen sowie speziellen Sinnesmaterialien können sie vielfältige Erfahrungen machen.

Sie finden in diesem Kapitel vielseitige Anregungen, die Sie einladen, mit wenig Aufwand und jeder Menge Spaß aus Alltags- und Naturgegenständen wahrnehmungsförderndes Spielmaterial für die Kleinsten selbst herzustellen. Die Kinder können sich mit den Spielmaterialien jeweils allein, zu zweit oder auch in einer kleinen Gruppe selbstständig – bzw. je nach Bedürfnis des Kindes und der Spielsituation gemeinsam mit der Bezugsperson – beschäftigen. Die Verwendung ist an keinen Ort und an keine Spieldauer gebunden.

-> Kurz & knapp <-

Mit allen Sinnen bei der Sache

Bitte beachten Sie: Es geht beim Einsatz der Sinnesmaterialien nicht um eine gezielte Schulung einzelner Sinne – auch wenn die Angebote in diesem ersten Kapitel den verschiedenen Sinnesbereichen zugeordnet präsentiert werden. Die Angebote akzentuieren einen Sinnesbereich, wobei die Kinder in der praktischen Umsetzung stets mit allen Sinnen bei der Sache sind.

„Ich höre was, was du auch hörst" – Die akustische Wahrnehmung unterstützen

Von Anfang an reagiert das Kleinstkind sehr sensibel auf Klänge, Geräusche, Stimmen, Worte und Melodien. Die akustische Wahrnehmung ist ein wichtiger Baustein der Sprachentwicklung. Im Folgenden finden Sie Anregungen zur Herstellung von klang- und geräuschvollen Spielmaterialien und vielfältige Spielimpulse zum Einsatz der Geräuschinstrumente.

PRAXISTIPP

DEN BASALEN BEZUG ZU MATERIALIEN STÄRKEN

Bei der Herstellung von Spielmaterialien können auch Eltern aktiv helfen. So bekommen sie einen Einblick in die pädagogische Arbeit und werden von Anfang an miteinbezogen. Lassen Sie – so gut es geht – auch die Kinder bei der Vorbereitung mithelfen. Das kann schon beim Sammeln von Materialien oder beim Einfüllen von Sand in eine Flasche beginnen! Hierdurch wird bei ihnen von Anfang an der basale Bezug zu den Materialien unterstützt, z. B. das Kennenlernen der verschiedenen Eigenschaften und das Interesse an der intensiven Beschäftigung mit ihnen.

Glöckchen-Armband

Alter: ab 6 Monaten

Material: Sport-Armbänder, Glöckchen, Nähzeug, Nähmaschine, Schere

So geht's: Die Armbänder kleiner nähen und anschließend Glöckchen daran befestigen.

Spielimpulse:

- Die Kinder können mit ihrem Glöckchen-Armband spielen, um dieses taktil kennenzulernen.
- Am Handgelenk getragen, kann es dann mit jeder Bewegung Glöckchenklang erzeugen.

Knisternde und klimpernde Schatzkissen

Alter: ab 6 Monaten

Material: einfarbige Waschhandschuhe; Füllmaterialien wie Reis, Nüsse, Knöpfe, Glöckchen; kleine Dekosteine oder Plastikbausteine; Folienpapier oder andere Knistermaterialien; Nähmaschine; Schere

So geht's: Die Waschhandschuhe jeweils mit einem Füllmaterial bestücken und zunähen.

Spielimpuls:

- Die schönen Waschhandschuhe laden durch die bunten Farben zum Befühlen ein. Sie knistern und klimpern und machen dadurch neugierig.

Krachmacherdosen

Alter:
ab 6 Monaten

Material:
verschiedene Dosen (leere Tennisballdosen, durchsichtige Dosen, schmale und lange Dosen), unterschiedliches Füllmaterial (Erbsen, Wäscheklammern, Steine, Perlen, Glöckchen usw.)

So geht's: Die Dosen jeweils mit unterschiedlichem Material füllen und fest verschließen.

Spielimpulse:

- Durch Rollen, Schubsen, Rütteln entstehen die unterschiedlichsten Geräusche.
- **Variation:** Die Dosen können, so hoch es geht, gestapelt werden. Jüngere Kinder bekommen leere Dosen, um eine Verletzungsgefahr zu vermeiden.

Kurz & knapp

Hören

Akustische Wahrnehmung
Organ: Ohr
Fähigkeiten: Geräusche, Töne, Klänge wahrnehmen und unterscheiden

„Schauen, staunen, spielen" – Die visuelle Wahrnehmung unterstützen

Der Säugling nimmt die Welt ab dem 4. Monat farbig wahr. Er reagiert auf Farbreize sehr sensibel, sie beeinflussen Stimmungen und Gefühle. Farbimpulse sollten daher gezielt und dosiert angeboten werden. Aber nicht nur die Farbe, sondern auch die Form, die Größe und andere Eigenschaften werden nun schon wahrgenommen. Anregungen zur Herstellung von Spielmaterialien, die hauptsächlich die visuelle Wahrnehmung unterstützen, halten die folgenden Seiten bereit.

Gucklöcher

Alter:
ab 18 Monaten

Material:
Papier, Schere, Klebestreifen, gelbe Fingerfarbe, Farbschalen, Malerkittel

So geht's: Aus dem Papier unterschiedlich große Kreise ausschneiden. Die Kreise in unterschiedlichen Höhen an ein großes und für die Kinder gut erreichbares Fenster kleben. Anschließend die Fensterscheibe gemeinsam mit einigen Kindern mit gelber Fingerfarbe bemalen. Nach dem Trocknen die Papierkreise entfernen.

Spielimpuls:

- Die Kinder schauen durch die Gucklöcher und können aus unterschiedlichen Perspektiven auf die Welt draußen schauen.

Kita-Memory

Alter:
ab 12 Monaten

Material:
Fotos von Tasse, Teddy, Auto, Teller etc.; Laminiergerät; Schere; ein Schuhkarton; einfarbiges Geschenkpapier; Schere; starker Kleber

So geht's: Gegenstände aus der nahen Umgebung der Kinder fotografieren. Die Fotos vergrößern, laminieren und einmal durchschneiden. Die Ecken der Bilder abrunden. Den Schuhkarton mit Geschenkpapier bekleben. Dort werden die Memoryteile aufbewahrt.

Spielimpulse:

- Das Kind sucht sich aus dem Karton ein Memoryteil heraus und legt es auf den Tisch oder den Boden. Die pädagogische Fachkraft sucht mit dem Kind das zweite Teil und legt es dazu. Der gezeigte Gegenstand wird benannt. Dieser Spielablauf wird so lange wiederholt, bis der Karton leer ist. Zur Vertiefung dieses Spiels können die abgebildeten Gegenstände gemeinsam gesucht und betrachtet werden. So erhalten die Kinder den realen Bezug zu den abgebildeten Gegenständen.
- **Variationen:**
  - → Themen-Memory: Fotos von Gegenständen aus der Küche, dem Waschraum, der Puppenecke, dem Bauteppich oder dem Sandkasten machen.
  - → Ein „Eigentumsmemory" mit Fotos von Kindergartentaschen, Schuhen oder Kleidungsstücken der Kinder anfertigen.

Groß und Klein

Alter:
ab 18 Monaten

Material:
zwei gleich große, einfarbige Schuhkartons; sehr kleine und große Steine; Teppichmesser; Schere

So geht's: In den Deckel eines Schuhkartons ein großes und ein sehr kleines Loch schneiden. In den zweiten Schuhkarton viele große und kleine Steine hineinlegen.

Spielimpuls:

- Die pädagogische Fachkraft nimmt aus dem Karton einen Stein, wirft ihn langsam durch das entsprechende Loch in den anderen Karton und sagt dabei: „klein“. Dann kann das Kind einen Stein nehmen und je nach Größe durch eines der Löcher in den Karton werfen. Je nach Größe des Steines sagt die Fachkraft „klein“ oder „groß“. Das Spiel wird so lange fortgeführt, bis alle Steine im anderen Schuhkarton gelandet sind.

Stein auf Stein

Alter:
ab 10 Monaten

Material:
viele große (Margarine-)Dosen mit Deckel, evtl. Heißklebepistole

Spielimpulse:

- Aus diesen einfachen Bausteinen lassen sich Türme bauen, die man dann ohne Risiko wieder umwerfen kann.
- Die Dosen können für ältere Kinder mit unterschiedlichen Materialien gefüllt und fest verschlossen werden (z. B. mit der Heißklebepistole).

Bunte Kullerrollen

Alter:
ab 7 Monaten

Material:
unterschiedliche Papprollen, verschiedene Papier- und Stoffsorten, Schere, Klebstoff, evtl. ein langes Brett, Fußbank

So geht's: Die Papprollen mit verschiedenen Materialien bekleben.

Spielimpulse:

- Die Kinder können die Rollen befühlen, betrachten, sie rollen und viele interessante Erfahrungen dabei machen.
- Für ältere Kinder kann eine Rampe gebaut werden: Dazu ein Brett auf eine Fußbank legen. Das lädt die Kinder ein, darauf die bunten Rollen hinunterrollen zu lassen.

Bunte Welten

Alter:
ab 18 Monaten

Material:
durchsichtige Farbfolie (evtl. in verschiedenen Farben), Klebestreifen

So geht's: An einem Fenster in kindgerechter Höhe farbige Folie anbringen. Es können auch verschiedene Farbfolien (z. B. in Kreisform) befestigt werden.

Spielimpuls:

- Die Kinder schauen durch das Farbfenster bzw. die Farbkreise und können so die Umgebung „in Farbe" betrachten.

Schwebende Bälle

Alter:
ab 6 Monaten

Material:
Wasserbälle bzw. Luftballons in unterschiedlichen Farben, Bindfäden, Haken, Handbohrer

So geht's: Die Wasserbälle oder Luftballons aufblasen und in greifbarer Höhe mit einem Band an der Decke befestigen.

Spielimpuls:

- Das Kind kann im Liegen, während es krabbelt, während es eine neue Windel bekommt usw. nach den Bällen greifen und damit spielen. Es kann die Bälle treten oder stoßen. Es erlebt ein bewegtes Spiel mit den farbigen Bällen.

Kurz & knapp

Sehen

Visuelle Wahrnehmung
Organ: Auge
Fähigkeiten: Wahrnehmung der äußeren Gestalt von Personen und Gegenständen, Informationen über die Lage, Form und Bewegung von Gegenständen, Unterscheidung von Farben, Größen, Helligkeit etc.

Spiegelstudio

Alter:
ab 18 Monaten

Material:
Spiegelfliesen, Kleber, Spiegelfolie, Rasierschaum oder Fingerfarbe

So geht's: Eine Raumecke wird mit verschiedenen Spiegeln in ein Spiegelstudio verwandeln. Hier können auch die Decke und der Boden mit Spiegelfliesen beklebt werden. Um die Verletzungsgefahr zu reduzieren, werden die Spiegel mit einer Spiegelfolie überzogen.

Spielimpuls:

- Kinder ab 18 Monaten können sich in diesem großzügigen Spiegelstudio von allen Seiten entdecken und mit verschiedenen Materialien unterschiedliche Erfahrungen machen.
- **Variation:**
  - → Spiegelfliesen unter Tischen oder über dem Wickeltisch anbringen: Das Kind kann sich beim Krabbeln bzw. im Liegen entdecken.

Achtung: Schlaf- und Ruheraum sollten frei von Spiegeln sein.

PRAXISTIPP

DAS „ICH" IM SPIEGEL ENTDECKEN

„Spiegelbilder tragen dazu bei, dass ein Kind ein Bild von sich selbst entwickelt, eine Vorstellung von seinem Selbst erhält. Im ersten Lebensjahr tasten Kinder ihr Bild im Spiegel ab, sie schauen sich zwar an, versuchen aber, den visuellen Eindruck durch taktile Erfahrungen zu begleiten, klopfen und patschen gegen die Scheibe, geben sich selbst ein Küsschen, lecken an der Glasfläche" (Renate Zimmer, Handbuch Sinneswahrnehmung, Verlag Herder, 2019, 82 f.).

„Fühl doch mal!“ – Die taktile Wahrnehmung unterstützen

Die Kinder be-greifen ihre Welt im wahrsten Sinne des Wortes. Daher ist eine vorbereitete Umgebung, in der viele Dinge be- und erfühlt werden können, besonders wichtig. In diesem Kapitel finden Sie Anregungen, wie die Umgebung des Kindes taktil anregend gestaltet werden kann. Allein, zu zweit oder in einer kleinen Gruppe können diese Erfahrungen zu einem besonderen Erlebnis werden.

Wärmekissen

Alter: ab 6 Monaten

Material: kleine Wärmflaschen

- Mit warmem Wasser gefüllte Wärmflaschen können im Laufe des Tages kleine Wunden heilen, Heimweh lindern oder andere „Wunder“ wirken, denn sie fühlen sich einfach gut an. Die Erfahrung der Wärme beruhigt die Kleinsten und begleitet sie vielleicht auch in den Schlaf.

Kurz & knapp

Fühlen

Taktile Wahrnehmung
Organe: Haut, Hand, Mund
Fähigkeiten: Berührungsempfindungen, Erkennen von Formen und der Oberfläche von Gegenständen, Temperaturempfinden (weich, hart, rau, warm, kalt, feucht etc.)

Tastsocken

Alter:
ab 6 Monaten

Material:
mehrere Kindersocken, Füllmaterialien (z. B. Erbsen, Bohnen, Reis, Nüsse, Mais, Kastanien, Perlen, Papier, Knöpfe, Watte usw.), evtl. Nähmaschine

So geht's: Die Socken mit je einem Material füllen und zunähen bzw. fest zuknoten.

Spielimpulse:

- Diese Tastsocken fordern die Jüngsten zum Befühlen auf.
- Ältere Kinder können sie sortieren oder mit Tastsocken-Paaren Memory spielen.

Spielpuppen „Paul und Paula"

Alter:
ab 6 Monaten

Material:
Säuglingskleidung (Strampelanzug mit Fuß, Hemdchen, Mütze, Fausthandschuhe), dichter hautfarbener Stoff, Füllmaterial, Stoffmalfarbe

So geht's: Der Kopf der Puppe wird geformt und genäht. Danach alle Bekleidungsteile miteinander verbinden, festnähen und mit Füllmaterial füllen. Das Gesicht mit Stoffmalfarbe aufmalen.

Spielimpuls:

- Die Spielpuppe eignet sich zum Kuscheln, Schmusen, Fühlen und Spielen. Wenn Sie Lust haben, dann nähen Sie zum Paul noch eine Paula.

Überraschungskörbe

Alter:
ab 8 Monaten

Material:
Weidenkörbe, eine vielfältige Auswahl an Papier, Wolle und Holzteilen

So geht's: Die Weidenkörbe mit den unterschiedlichen Materialien füllen und in den Gruppenraum stellen.

Spielimpulse:

- Die unterschiedlichen Entdeckungskörbe laden zum Fühlen, zum Schauen und Staunen, zum Ein- und Ausräumen und zum Sortieren ein.

Greifdosen

Alter:
ab 8 Monaten

Material: große Tee- oder Kaffeedosen mit Deckel, ein Handbohrer, kurze und lange Wollfäden

So geht's: Verschiedene Löcher in die Dosen bohren, eventuell auftretende Kanten entschärfen. Die Wollfäden von innen durch die Löcher fädeln und jeweils ein kleines Stück herausschauen lassen.

Spielimpuls:

- Die Kinder können die Wollfäden mit Daumen und Zeigefinger herausziehen. Ist die Dose leer, fädelt die pädagogische Fachkraft die Fäden wieder durch die Löcher und die Dose lädt erneut zum Greifspiel ein.

Malstation

Alter:
ab 7 Monaten

Material:
Korkplatten, Korkkleber, Tapetenrolle, Fingerfarben, Klebeband

So geht's: Eine Wand im Gruppenraum mit Korkplatten großflächig bekleben und so zu einer interessanten Malstation umgestalten.

Spielimpuls:

- Große Tapetenstreifen auf der Korkwand befestigen. Die Kinder können auf dieser großen Malfläche nun allein oder in einer Gruppe kreative Bilder erstellen.

Große Schlitzlochkiste

Alter:
ab 18 Monaten

Material:
eine durchsichtige, große Aufbewahrungskiste mit Deckel, Teppichmesser, evtl. einige Gegenstände, die durch die Öffnungen passen

So geht's: In den Deckel und die Wände der Kiste mit dem Teppichmesser unterschiedlich lange Schlitze schneiden sowie runde, drei- und viereckige, große und kleine Löcher.

Spielimpulse:

- Jedes Kind kann im Laufe des Tages alles in diese Schlitzlochkiste hineinwerfen, was es in seiner nahen Umgebung findet. Die verschiedenen Materialien können hierbei im Kisteninneren betrachtet werden. Mittags kann diese Kiste ausgeschüttet werden. Gemeinsam werden die Dinge betrachtet, benannt und wieder an ihren Platz geräumt.
- Jüngeren Kindern können Sie zu dieser Spielkiste auch eine kleine Auswahl an passenden Gegenständen bereitlegen.

„Krabbeln, klettern und noch mehr" – Die vestibuläre und kinästhetische Wahrnehmung unterstützen

Jedes Kind hat Freude an der Bewegung. Schon im Mutterleib sammelt es erste vestibuläre und kinästhetische Erfahrungen. Es spürt sich durch seine Bewegungen und nimmt sich wahr. Daher ist eine Umgebung, die zur Bewegung einlädt, gerade für die Kleinen besonders anregend. Sie erfahren sich, die Materialien und ihre Handlung über Bewegung. Im Folgenden finden Sie vielfältige Ideen für selbst herstellbare Materialien, die den Kindern interessante wahrnehmungsfördernde Bewegungserfahrungen ermöglichen. Viele Materialien lassen sich schnell transportieren und sind daher überall einsetzbar.

Schaukelbett

Alter:
ab 6 Monaten

Material:
Luftmatratze bzw. Luftbett, Luftpumpe, Schaumgummi- bzw. Isomatten

So geht's: Die Luftmatratze bzw. das Luftbett wird aufgepumpt und in einer sicheren Raumecke platziert. Die Wände, die die Matratze oder das Luftbett berühren, sollten mit Schaumgummi gesichert werden.

Spielimpulse:

- Das Kind wird auf die Luftmatratze oder auf das Luftbett gelegt und leicht geschaukelt. Kurze Lieder oder Verse unterstützen dieses sinnesfördernde Bewegungserlebnis.
- Das Luftbett lädt Kinder auch zum Ruhen und Entspannen ein.

Wackelkissen

Alter:
ab 4 Monaten

Material:
eine bzw. mehrere Wärmflaschen

So geht's: Eine oder mehrere Wärmflaschen mit warmem Wasser füllen.

Spielimpulse:

- Legen Sie das Kind nach dem Wickeln oder Baden mit dem Bauch oder dem Rücken auf eine oder mehrere Wärmflaschen. Fassen Sie das Kind an den Händen und bewegen Sie es sanft über dieses warme Wackelkissenbett. Dabei können Sie liebevoll mit ihm kommunizieren, ein kurzes Lied singen oder rhythmische Verse sprechen.
- Für Kinder ab 12 Monaten können Wärmflaschen auf den Boden gelegt werden, die zu Wackelerlebnissen beim Krabbeln oder Laufen einladen. Die Kinder können sich auch auf die Wärmflaschen setzen. So wird das Sitzen zu einer wackeligen Angelegenheit.

Kurz & knapp

Bewegen und Gleichgewicht

Kinästhetische Wahrnehmung (Bewegungssinn)
Organe: Rezeptoren in den Gelenken, Sehnen, Muskeln
Fähigkeiten: Wahrnehmung der Muskelspannung, Stellung der Gelenke und Körperteile zueinander, der Kraft des eigenen Körpers, des Gewichts von Gegenständen etc. (Gewicht, Kraft, Druck)
Vestibuläre Wahrnehmung (Gleichgewicht)
Organ: Vestibularapparat im Innenohr (Bogengänge)
Fähigkeiten: Lage im Raum, Drehbewegungen, Körpergleichgewicht, Beschleunigung des eigenen Körpers

Hüpfburg – Die besondere Aktion

Alter:
ab 18 Monaten

Material:
einige Matratzen, einfarbige Spannbetttücher, Isomatten

So geht's: Die Matratzen mit Spannbetttüchern beziehen und in einer sicheren Raumecke zusammenlegen. Die Wände sollten aus Sicherheitsgründen mit Schaumstoff ausgepolstert werden.

Spielimpulse:

- Auf dieser Hüpfburg können die Kinder je nach Alter allein, in Gruppen oder mit der pädagogischen Fachkraft ausgelassen springen und sich bewegen.
- Aus diesen Großbausteinen können ältere Kinder nach eigenen Ideen neue Landschaften oder Straßen bilden und sich damit immer neue Bewegungsmöglichkeiten eröffnen.

WISSEN KOMPAKT

Wahrnehmung & Bewegung

„Die Sinne eines Menschen sind zwar vom ersten Tag seines Lebens an funktionsfähig, ihre Zusammenarbeit entwickelt sich aber erst im Laufe der ersten Lebenswochen und -monate. Abhängig ist ihre Entwicklung vom alltäglichen Gebrauch der Sinnesorgane. Jede Handlung des Kindes führt zu Erfahrungen, die die Differenziertheit seiner Wahrnehmungsfähigkeit verbessern.

Selbst auf den ersten Blick ganz einfach erscheinende Tätigkeiten wie das Greifen nach einem Gegenstand bedürfen des Einsatzes und der Koordination mehrerer Sinne. Will das Baby eine über seiner Wiege aufgehängte Rassel greifen, werden folgende Sinneswahrnehmungen bei ihm in Gang gesetzt: Es muss die Rassel mit den Augen fixieren und sie vor dem Hintergrund (eine bunte Tapete, ein Vorhang) herauslösen. Die Tiefensensibilität (Informationen, die aus den Muskeln und Gelenken kommen) gibt ihm darüber Rückmeldung, in welche Richtung es die Hände bewegen muss, um die Rassel zu erreichen. Über den Tastsinn erfährt es, dass es die Rassel berührt hat, es spürt sie in den Händen. Das Geräusch der Rassel nimmt es über den Hörsinn auf, durch erneute Berührung vergewissert es sich, dass es der ergriffene Gegenstand war, der das Geräusch verursachte. Um die Rassel näher zu erkunden, zieht das Baby sie zu sich heran und steckt sie in den Mund. Auch hier hilft die Tiefensensibilität (oder die kinästhetische Wahrnehmung), um das Ziel zu finden. Mit dem Mund, dem empfindsamsten Tastorgan, erkundet es die Oberfläche und Form der Rassel.

Das Beispiel des Greifens macht deutlich, wie eng eine motorische Handlung mit Wahrnehmungsprozessen verknüpft ist. Wahrnehmung und Bewegung dienen dem Kind dazu, sich seine Umwelt anzueignen, auf sie einzuwirken“ (Renate Zimmer; Handbuch Sinneswahrnehmung, Verlag Herder, 2019, 48 f.).

Kapitel 2

Wahrnehmungsförderung im Freispiel

Die Freispielzeit ist die Zeit, in der das Kind viele wichtige und weitgehend selbst gesteuerte Lernerfahrungen macht. Es schaut und hört aufmerksam hin, ertastet, riecht, schmeckt, erforscht mit dem Mund, krabbelt, hüpft oder springt, klatscht oder singt und ist mit Freude und Neugier bei der Sache.

Sie finden auf den folgenden Seiten kurze Spielimpulse zur Beschäftigung mit Alltagsmaterialien, kreative Schmier-, Knet- und Malideen, die zum Spurenmachen einladen, Vorschläge zur Gestaltung sinnen-voller Spielbereiche sowie kunterbunte Spielideen für drinnen und draußen, die das Spiel der Kleinsten anregen, bereichern und ganzheitlich fördern.

Alle Angebote bieten wahrnehmungsfördernde Impulse in alltäglichen Spielsituationen. Neben den Kreativangeboten, die die Kinder ermutigen, eigene Ausdrucksformen zu finden, steht das bewegte Spielen im Mittelpunkt. Wahrnehmungs- und Bewegungsentwicklung sind untrennbar miteinander verbunden: Bewegungserfahrungen verbessern die Wahrnehmungsfähigkeit und umgekehrt.

Kurze Spielimpulse mit Alltagsmaterialien

Kinder benötigen gerade in den ersten Jahren Dinge aus ihrer unmittelbaren Umgebung zum Spielen und Wahrnehmen. Bekannte Gegenstände geben ihnen Sicherheit im Spiel, das Wiedererkennen ermutigt zu neuen Erkundungen. Deshalb sind Alltagsmaterialien, die sie auch zu Hause finden, besonders geeignet für das aktive Spiel und die Entwicklung der Spielfreude. Die folgenden Spielimpulse mit Alltagsmaterialien regen zu Einzelspielen mit oder ohne pädagogische Fachkraft, aber auch zu einfachen Paar- oder Gruppenspielen an.

Zudeckspiel

Alter:
ab 7 Monaten

Material:
eine Auswahl an unterschiedlichen Kissen

Spielimpuls:

- Unterschiedliche Kissen liegen in einer Raumecke bereit. Das Kind lässt sich mit einem oder mehreren Kissen zudecken oder umranden.

Tipp:

Es können auch mehrere Kinder gleichzeitig zugedeckt werden bzw. sich selbst gegenseitig zudecken.

Kissenkrabbelstraße

Alter:
ab 7 Monaten

Material:
unterschiedliche Kissen und Kuscheltiere

Spielimpulse:

- Die Kinder krabbeln über eine Kissenstraße aus unterschiedlichen Kissen.
- Am Ende der Straße liegt ein Kuscheltier, das geholt werden soll.

Tipp:

Besonders interessant sind Kissenspiele, wenn den Kindern eine Auswahl unterschiedlich großer Kissen mit verschiedenen Füllungen zur Verfügung steht. Gefüllt mit Federn, Watte, kleinen Luftballons, Raps, Tennisbällen oder Kastanien bergen sie viele Möglichkeiten für unterschiedlichste Fühl- und Bewegungserfahrungen.

Kissenturm

Alter:
ab 18 Monaten

Material:
viele Kissen

Spielimpuls:

- Das Kind baut aus verschiedenen Kissen einen Turm. Wenn er zusammenfällt, wird er wieder neu errichtet.

Kissenhüpfen

Alter:
ab 18 Monaten

Material:
unterschiedliche Kissen, aufgeblasene Luftballons, Weidenkorb

Spielimpulse:

- Die Kinder bauen, evtl. mit Hilfe der pädagogischen Fachkraft, eine Hüpfstraße aus Kissen und laufen oder hüpfen mit beiden Beinen zum Ziel. Dort angelangt, nehmen sie einen Luftballon aus dem Korb und laufen oder hüpfen zurück.
- Das Kind wirft die Kissen aus geringer Entfernung (je nach Alter und Fähigkeit bitte anpassen) in den Korb.

Schauen und staunen

Alter:
ab 18 Monaten

Material:
kleine Plastikflaschen, buntes Krepppapier, Wasser, Flaschenkiste

So geht's: Die Plastikflaschen mit Wasser füllen. Einen farbigen Krepppapierstreifen hinzugeben, der das Wasser färbt. Den Streifen entfernen und die Flasche gut verschließen.

Spielimpulse:

- Die Flaschen mit dem farbigen Wasser laden zum Schauen und Staunen ein. Sie können zu unterschiedlichsten Spielen auffordern.
- Ältere Kinder sortieren die Flaschen gerne.

Tipp:

Flaschen sind gut zu greifen und lassen sich leicht transportieren. Werden sie mit interessanten Materialien gefüllt, beschäftigen sich die Kinder gerne lange mit ihnen. Aus Sicherheitsgründen sollten die Flaschen unbedingt fest verschlossen werden.

Zauberflaschen

Alter:
ab 15 Monaten

Material:
Kiste mit leeren Wasserflaschen, Speiseöl, verschiedene Fingerfarben

So geht's: Die Flasche zur Hälfte mit Wasser füllen, dann etwas Fingerfarbe hinzugeben und schließlich mit Speiseöl zu drei Viertel auffüllen.

Spielimpuls:

- Wenn die Kinder die Flaschen schütteln, ergeben sich interessante Effekte und Veränderungen, die die Kinder mit Interesse beobachten.

PRAXISTIPP

ZEIT GEBEN

Zwar taucht im Titel dieses Unterkapitels das Adjektiv „kurz" auf, das aber bezieht sich wirklich nur auf den zeitlichen Aufwand für die pädagogische Fachkraft, einen „sinnvollen" Impuls zu initiieren. Dann aber ist es wichtig, den Kinder länger Zeit zu geben für das leib-sinnliche Erleben. Manchmal stören Erwachsene beim Ausprobieren und Experimentieren, weil der „Sinn" des Handelns der Kinder nicht erkennbar bzw. verstehbar ist. Kein Wunder: Wahrnehmung ist subjektiv. Jeder an einer Situation Beteiligte nimmt sie mit unterschiedlichen Bewertungen wahr. Respektieren Sie die Wahrnehmungen der Kinder. Geben Sie ihnen Zeit, auf ihre eigene Weise mit neuen Erfahrungen umzugehen (vgl. Renate Zimmer, Handbuch Sinneswahrnehmung, Verlag Herder, 2019, 17 f.).

Rütteln, schütteln, schauen und sortieren

Alter:
ab 7 Monaten

Material:
verschiedene Plastikflaschen, unterschiedliches Füllmaterial (z. B. Wasser, Erbsen, Sand, Reis, Watte, bunte Kugeln, Bohnen), eine Flaschenkiste

So geht's: Die Flaschen mit unterschiedlichen Materialien füllen und in einen Korb oder eine Kiste stellen.

Spielimpuls:

- Die unterschiedlichen Flaschen laden zu verschiedensten Spielen ein. Die Kinder können sie schütteln, kullern, betrachten oder einfach nur die Kiste ein- und ausräumen.

Tipp:

Die Flaschen sind unterschiedlich schwer. Die Kinder können mit den unterschiedlichen Gewichten experimentieren und Kraftspiele damit machen. Ältere Kinder können die Flaschen nach Gewicht ordnen.

Flaschenkegeln

Alter:
ab 2 Jahren

Material:
viele unterschiedlich große Plastikflaschen, Tennisbälle

Spielimpulse:

- Die Flaschen aufstellen, und die Kinder versuchen nun, die Flaschen mit Tennisbällen umzustoßen. Die Bälle können gerollt oder geworfen werden.
- **Variation:** Ältere Kinder können mit Wasser gefüllte Flaschen umkegeln.

Flaschen-Memory

Alter:
ab 2 ½ Jahren

Material:
mehrere Plastikflaschen, mehrere unterschiedlich farbige Krepppapierstreifen bzw. Tinte oder Fingerfarbe, evtl. weitere Füllmaterialien wie Erbsen, Linsen, Mais, Watte

So geht's: Das Wasser mit Krepppapier, Tinte oder Fingerfarbe färben; jeweils zwei Flaschen mit derselben Farbe füllen.

Spielimpulse:

- Die Kinder versuchen mit Unterstützung der pädagogischen Fachkraft, die Flaschenfarben passend zusammenzustellen.
- **Variation:** Jeweils zwei Flaschen werden mit Erbsen, Linsen, Mais, Watte oder anderen Materialien gefüllt.

Bierdeckel entdecken

Alter:
ab 6 Monaten

Material:
Bierdeckel,
Materialkorb

Spielimpuls:

- Viele Bierdeckel liegen in einem Materialkorb für die Kinder bereit. Diese können nun nach Herzenslust befühlt, gerollt und gestapelt werden.

Tipp:

Die preiswerten Pappuntersetzer sind ein wandlungsfähiges Spielmaterial, und das Experimentieren damit macht den Kindern viel Freude: ertasten, rollen oder stapeln – das unterstützt die Sinneswahrnehmung der Kleinsten spielerisch. Eine Auswahl an Pappuntersetzern mit unterschiedlichen Fühlflächen (siehe Angebot rechts) regt das Kind nicht nur zu neuen taktilen Erfahrungen an, sondern kann auch zur Eintrittskarte für die spielerische Wortschatzerweiterung werden.

Fühltaler

Alter:
ab 6 Monaten

Material:
Bierdeckel, unterschiedliche Stoffe (weich, rau, glatt), Schere, Kleber bzw. Heißklebepistole

So geht's: Die Bierdeckel mit den unterschiedlichen Stoffen bekleben.

Spielimpulse:

- Die Fühltaler können von den Kindern taktil entdeckt werden und zu besonderen Fühlerlebnissen führen.
- **Fühltaler sortieren** (für Kinder ab 18 Monaten): Verschiedene Fühltaler-Paare liegen vermischt in einem Kreis, auf dem Tisch oder dem Boden. Die pädagogische Fachkraft fordert das Kind auf, einen Bierdeckel zu nehmen und mit den Händen zu ertasten. Sie benennt die Eigenschaft des Stoffs, z. B. „weich". Sie nimmt den zweiten, gleichen Fühltaler aus dem Kreis, benennt erneut seine Beschaffenheit und fordert das Kind auf, über seine Oberfläche zu streichen. Anschließend werden gemeinsam alle Fühltaler mit dem jeweils gleichen Material herausgesucht, befühlt, benannt und zu Paaren sortiert.

Entspannungstaler

Alter:
ab 2 Monaten

Material:
mehrere weiche Fühltaler (siehe Angebot Seite 37)

Spielimpuls:

- Nach dem Wickeln oder Baden können die Fühltaler für ein Körpererfahrungsspiel verwendet werden. Die pädagogische Fachkraft oder die Bezugsperson singt unten stehendes Lied (nach der Melodie: „*Taler, Taler, du musst wandern*“) und drückt dabei sanft mit einem weichen Fühltaler (z. B. beidseitig mit Fell beklebt) auf verschiedene Körperstellen. Ist das Lied zu Ende, bleibt der Deckel dort liegen, wo er zuletzt sanft angedrückt wurde, z. B. auf dem Bauch.
  Nun einen zweiten Deckel nehmen und das Lied erneut singen. Ist es zu Ende, bleibt der Deckel auf dem entsprechenden Körperteil liegen.
  Dieses Spiel kann so oft wiederholt werden, bis das Kind mit Deckeln bedeckt ist.

Taler, Taler, du musst.wandern,
von dem einen Ort zum andern,
wanderst langsam, liegst dann still,
weil er dich verwöhnen will.

Wäscheklammern

Alter:
ab 7 Monaten

Material:
Wäscheklammern, Wäscheklammerbeutel, evtl. verschiedene Behälter

Spielimpulse:

- Die Wäscheklammern stehen den Kindern im Beutel oder anderen Behältern zur Verfügung und laden zum Befühlen, Experimentieren, Aus- und Einräumen ein.
- **Ordnen und sortieren** (ab 12 Monaten): Zusammen mit der pädagogischen Fachkraft können die Wäscheklammern nach Farben sortiert werden.

Tipp:

Das Spielen mit Wäscheklammern ist bei (Kleinst-)Kindern sehr beliebt. Diese Alltagsmaterialien regen neben der taktilen Beschäftigung besonders dazu an, sich mit der Kraft der Finger auseinanderzusetzen.

Klammerköpfe

Alter: ab 2 Jahren

Material: Tonkarton, Buntstifte, Schere, farbige Wäscheklammern

So geht's: Aus dem Tonkarton handgroße Kreise schneiden.

Spielimpulse:

- Die pädagogische Fachkraft malt auf jeden Kreis ein Gesicht. Dann können die Kinder diesen Köpfen mit den Wäscheklammern Haare geben.
- **Variation:** Aus gelben bzw. braunen Tonkartonkreisen bzw. -ovalen können so auch Sonnen oder Igelkörper gestaltet werden.

WISSEN KOMPAKT

Auge-Hand-Koordination

„Hierbei handelt es sich um die Fähigkeit, das Sehen mit den Bewegungen des Körpers zu koordinieren. Wenn man zum Beispiel nach einem Gegenstand greift, muss die Bewegung der Hände durch das Sehen gesteuert werden. [...] Ab circa sechs bis neun Monaten beginnt das Kind, gezielt nach Dingen in seiner Umgebung zu greifen. Zunehmend (ca. ab dem 9.–12.Monat) ist der Mund nicht mehr das wichtigste Tastorgan, sondern die Augen, Hände und Finger werden mehr und mehr zur Erkundung der Dinge eingesetzt. Das Kind übt sich im gezielten Greifen.
Die Auge-Hand-Koordination übt es zum Beispiel beim Bauen mit Klötzen und Konstruktionsmaterial (Türme bauen mit Holzklötzen etc.). Das sichere Zusammenwirken von Auge und Hand spielt später auch in der Schule beim Schreiben, beim Basteln und handwerklichen Arbeiten, vor allem aber auch bei Bewegungsaktivitäten und beim Sport eine Rolle: Bälle fangen und auffangen, ein Tor treffen und in einen Basketballkorb zielen" (Renate Zimmer, Handbuch Sinneswahrnehmung, Verlag Herder, 2019, 70).

Schmier-, Knet- und Matschideen

Kinder brauchen für das wahrnehmungsorientierte Spiel auch Materialien, die ihr Schmier- und Matschbedürfnis stillen. Mit den folgenden Spielideen können Kleinstkinder allein, zu zweit oder in einer Kleingruppe vielseitige taktile und kreative Erfahrungen machen. Sie sollten dabei immer gut beobachtet und unterstützt werden. Alle Materialien sind ungiftig und teilweise sogar essbar!

Kartoffelknete essbar

Alter:
ab 6 Monaten

Material:
Kartoffelpulver, Wasser, Rührschüssel, Rührbesen

So geht's: Kartoffelbrei nach Packungsanleitung herstellen und abkühlen lassen, danach ist der Teig knetfähig.

Spielimpuls:

- Die Kinder formen aus der Knete verschiedenste Formen und Figuren. Die hergestellten Kunstobjekte können gleich aufgegessen werden.

Knete aus eigener Herstellung

Alter:
ab 8 Monaten

Material:
8 Tassen Mehl, 6 Tassen Wasser, 2 Tassen Salz, 4 EL Öl, 1 Pck. Weinsteinsäure, 2 EL Lebensmittelfarbe, Schüssel, Rührlöffel

So geht's: Wasser erwärmen, alle Zutaten vermengen und langsam zum Wasser hinzugeben. Die Masse glatt kneten. Luftdicht verpackt und kühl gelagert hält diese Knete ein paar Wochen.

Spielimpuls:

- Diese Knete lädt zum Matschen, Formen und Gestalten ein.

PRAXISTIPP

SPIELEN ODER ESSEN?

Damit die Kinder den Unterschied zwischen nicht essbaren und essbaren Materialien besser verstehen, ist es wichtig, die Sinnesspiele mit essbarer Knete in der Küche oder im Essbereich durchzuführen.

Sandknetteig

Alter:
ab 8 Monaten

Material:
6 Tassen Vogelsand, $^3/_4$ Tasse Tapetenkleisterpulver, Holzleim nach Bedarf, 3 Tassen Wasser, Topf und Rührlöffel

So geht's: Die Zutaten in einem Topf leicht erhitzen, bis eine knetbare Masse entsteht. Abkühlen lassen und fertig ist der Sandknetteig.

Spielimpuls:

- Mit dem Material kann nun frei gematscht werden.

Sägemehlknetteig

Alter:
ab 8 Monaten

Material:
6 Tassen Sägemehl, 2 Tassen Tapetenkleister, 2 EL Holzleim, Schüssel, Rührlöffel, evtl. etwas warmes Wasser

So geht's: Alle Zutaten zu einem Brei verkneten.

Spielimpuls:

- Formen und Fantasiegebilde sind nach einigen Tagen trocken und können angemalt werden.

Matschen, rühren, formen

Alter:
ab 12 Monaten

Material:
Zeitungspapier, Tapetenkleister, große Schüssel, Holzlöffel

So geht's: Den Tapetenkleister anrühren und in eine Schüssel füllen.

Spielimpulse:

- Die Kinder zerreißen die Zeitungen, vermengen diese mit dem Kleister. Mit dem Zeitungsbrei können sie nun matschen, mit den Löffeln rühren, Kugeln formen oder Schlangen rollen.
- Die Werke können getrocknet und in einem Regal ausgestellt werden.

Kurz & knapp

Freiräume für die Fantasie

Kinder nehmen von Anfang an die Welt mit allen Sinnen auf. Sie brauchen Raum und Zeit, um ihre eigenen Empfindungen zum Ausdruck zu bringen – mit ganz unterschiedlichen Mitteln, Materialien und Ausdrucksformen. So erleben sie, dass sich die Welt auch gestalten lässt (vgl. Renate Zimmer, Handbuch Sinneswahrnehmung, Verlag Herder, 2019, 190).

Spürspaß mit Hand und Fuß

Ob drinnen oder draußen: Mit einfachsten Materialien können die Kleinsten aktiv werden, spüren und Spuren hinterlassen. Ob beim Malen mit Fingerfarbe oder Rasierschaum, dem Formen von Sand oder dem Legen von Naturbildern – Sinneserlebnisse finden hier ihren kreativen Ausdruck.

Farbatelier

Alter: ab 2 Jahren

Material: große Staffelei (mit mehreren Malplätzen) bzw. mehrere Maltafeln, Papierbögen, Fingerfarbe, Pappteller, Malerkittel, evtl. Zeitungen und Klebestreifen

So geht's: Die Papierbögen an der Staffelei oder den Tafeln befestigen und die Farbe auf die Pappteller verteilen.

Spielimpuls:

- Mit den Händen können mehrere Kinder gleichzeitig auf ihrem Papierbogen mit der Farbe experimentieren.

Tipp:

Falls keine Staffelei oder Maltafeln vorhanden sind, können die Kinder ihre Farbwerke auch auf einem niedrigen Tisch oder dem Boden (mit Zeitungen als Unterlage) erstellen.

Fußkunst

Alter: ab 18 Monaten

Material: große Planen, Kreppband, Fingerfarben, Wanne, Wasser, Seife, Handtücher

So geht's: Die Planen auf den Boden kleben und die Fingerfarbe in großen Klecksen auf die Plane geben.

Spielimpuls:

- Die Kinder werden eingeladen, barfuß die Farbkleckse zu verschmieren. Die pädagogische Fachkraft kann diese Aktion mit einem Lied (nach der Melodie „*Alle meine Entchen*") begleiten. Die erste Strophe wird so lange gesungen, bis die Aktion beendet werden soll. Dann die Schlussstrophe singen und abschließend die Kinderfüße mit Wasser und Seife säubern.

Viele nackte Füße
rutschen hin und her (2x),
rutschen immer wieder,
mögen das so sehr.

Schlussstrophe:
Viele nackte Füße
rutschen hin und her (2x),
rutschen nun nach Hause
wollen gar nicht mehr.

Tipp:

Diese Fußkunst macht auch mit Kleister und Sand oder mit Rasierschaum viel Freude!

Krabbelstraße

Alter:
ab 12 Monaten

Material:
Blätter, Sand, Moos

So geht's: Für den Krabbelpfad auf der Wiese mit Sand kleine Krabbelfelder auf die Wiese streuen. Dort hinein Blätter, Zapfen, Sand oder Moos legen.

Spielimpuls:

- Die Felder sind nun natürliche Erfahrungsteppiche. Krabbelnd erfühlen die Kinder das Material und können sich taktil damit auseinandersetzen.

Schaukästen

Alter:
ab 2 Jahren

Material:
Sand, für jedes Kind einen Eimer

So geht's: Auf der Wiese mit Sand kleine Quadrate streuen.

Spielimpulse:

- Die Kinder sammeln Naturmaterialien und gestalten damit die kleinen Kästen. Es können beliebig viele Kästen auf der Wiese zu finden sein, die dann, je nach Interesse, alle zu kleinen Schaubildern gestaltet werden. Die gemeinsame Betrachtung regt die Sprechfreude an.
- **Variation:** Im Gruppenraum können kleine Schuhkartondeckel als Schaukästen dienen. Darin gestalten die Kinder mit Naturmaterialien.
  → **Hinweis:** Gibt man Tapetenkleister in die Deckel, so kann ein Bild gestaltet werden, das zur Erinnerung aufgehängt oder aufgestellt werden kann.

Erdburgen bauen

Alter:
ab 2 Jahren

Material:
Sand, Eimer, Schaufeln, Wasser, Erde

So geht's: Nach einem regenreichen Tag wird mit Sand auf der Wiese ein großes Rechteck gestreut.

Spielimpulse:

- Die Begrenzung markiert das Burgenland. Dort hinein bauen die Kinder nun mit der nassen Erde Burgen.
- Mit Wasser kann die Erde noch knetbarer gemacht werden.
- Mit Stöckchen, Steinen, Blättern können die Burgen gestaltet werden.

Blätterkunst

Alter:
ab 2 Jahren

Material:
für jedes Kind einen Bogen Tonpapier, Kleister, Eimer, Blätter

So geht's: Bei einem Herbstspaziergang oder auf dem Hof sammeln die Kinder Blätter. Kleister anrühren, in eine Schüssel füllen, und Tonpapier auf dem Boden auslegen.

Spielimpuls:

- Auf dem Tonpapier verteilen die Kinder mit den Händen den Kleister. Nun können sie dieses Kleisterpapier mit den selbst gesammelten Blättern gestalten.
  Nach dem Trocknen werden die Bilder aufgehängt.

Die Schneckenstraße – eine besondere Aktion

Alter:
ab 12 Monaten

Material:
größere Holzplatten oder Tonkarton, unterschiedlichste Wollfäden, Schnüre, Kordeln bzw. Bänder, Heißklebepistole, Bohrer, Schrauben oder doppelseitiges Klebeband

So geht's: Auf einer Seite eines Holzbretts oder Tonkartons eine aus Wollfäden o. Ä. gedrehte Schnecke mit der Heißklebepistole befestigen. Mehrere unterschiedliche Schnecken-Fühltafeln herstellen. Diese an einer Wand in für die Kinder greifbarer Höhe befestigen.

Spielimpuls:

- Die Kinder gehen an der Wand entlang und befühlen die unterschiedlichen Schneckenhäuser. Dabei machen sie die unterschiedlichsten taktilen Erfahrungen.

Tipp:

Die Schneckenplatten auf dem Boden befestigen. Nun können die Kinder barfuß über diese Schneckenstraße gehen.

Fühlbecken, Krabbelkanal und andere Spielstationen

Wichtig für die Eigenwahrnehmung der Kinder sind Erfahrungen, die sie mit dem ganzen Körper machen. Solche wahrnehmungsfördernden Spielsituationen oder dauerhaft angelegte Spielstationen zur Sensibilisierung der Körperwahrnehmung möchte ich Ihnen in diesem Kapitel vorstellen.

Fühlwanne

Alter:
ab 12 Monaten

Material:
Badewanne oder Schwimmbecken bzw. mehrere kleine Wannen oder Kisten, Fühlmaterialien, einige Sandschaufeln, Trichter, Flaschen, Eimer

So geht's: Die Badewanne oder das Becken mit einem Fühlmaterial aufffüllen (z. B. Erbsen, Bohnen, Reis, Futtermais, Korken oder Kastanien).

Spielimpulse:

- Hier wartet auf die Kinder ein intensives Fühlerlebnis mit Händen, Füßen und dem ganzen Körper.
- Mit Schaufeln, Löffeln und anderen Hilfsmitteln können die Kleinen das Material in seiner Eigenschaft taktil erfahren.
- Wer mag, kann das Naturmaterial in Flaschen oder andere Behältnisse füllen oder umschütten.
- **Variation:** Die Fühlmaterialien können auch auf verschiedene Wannen oder Kisten verteilt werden.

Fußwannen

Alter:
ab 18 Monaten

Material:
kleine Wannen, unterschiedliche Matschmischungen (Erde und Wasser, Sand und Wasser, Rasierschaum o. Ä.)

So geht's: In unterschiedlichen Wannen verschiedene Matschmischungen anrühren, evtl. gemeinsam mit den älteren Kindern.

Spielimpuls:

- In diesen Wannen können die Kinder mit nackten Füßen unterschiedliche Fühlerfahrungen machen.

Kurz & knapp

Sinnesorgan Haut

„Die Haut umhüllt den ganzen Körper und stellt so die Schranke zwischen innen und außen dar. Insofern ist sie das Kontaktorgan, das die Beziehung von Körpergeschehen und Umwelt regelt. Die Haut übernimmt viele unterschiedliche Funktionen und ist für das Überleben der Menschen wichtiger als alle anderen Wahrnehmungsorgane" (Renate Zimmer, Handbuch Sinneswahrnehmung, Verlag Herder, 2019, 103).

Entdeckungsteppich

Alter:
ab 6 Monaten

Material:
kleine Krabbeldecke (aus Baumwolle), unterschiedliche Stoffe (z. B. Cord, Fell, Wolle), kleine Luftballons, große Knöpfe, Topfschwämme o. Ä., Nähmaschine

So geht's: Auf die Krabbeldecke unterschiedliche Stoffe, leicht aufgeblasene Luftballons, große Knöpfe oder andere Fühlmaterialien aufnähen.

Spielimpuls:

- Im Liegen und später beim Krabbeln oder Sitzen können die Kleinen auf diesem Entdeckungsteppich unterschiedliche Sinneserfahrungen machen.

Sandbecken

Alter:
ab 18 Monaten

Material:
Sandbecken, kleine Schätze

So geht's: Eine Wanne mit Sand füllen und kleine Schätze verstecken.

Spielimpuls:

- Die Kinder machen sich auf die Suche nach den kleinen Schätzen.

Krabbelkanal

Alter:
ab 12 Monaten

Material:
Stühle, Tische, durchsichtige Folien, Laken, große Tücher, Decken, Felle, Wäscheklammern

So geht's: Aus Stühlen, Tischen und unterschiedlichen Decken und Tüchern im Freien, im Flur oder im Bewegungsraum einen interessanten und sicheren Krabbelkanal bauen. Dazu durchsichtigen Folien, Laken, Decken oder Tücher über die Stühle hängen und mit Klammern befestigen. Der Boden kann mit weichen Fellen, Laken etc. ausgelegt werden. Vielleicht können beim Bau die älteren Kinder schon mithelfen?

Spielimpuls:

- Das Kind krabbelt durch den Kanal. Durch die unterschiedlichen Licht- und Farbeinwirkungen, die durch die verschiedenen Tücher und Folien entstehen, können in diesem Kanal neben taktilen auch verschiedene visuelle Erfahrungen gemacht werden.

Bällebad

Alter:
ab 12 Monaten

Material:
Wanne oder Schwimmbecken, viele unterschiedliche Bälle (Tennisbälle, Plastikbälle, Wollbälle, Tischtennisbälle, Gummibälle, Noppenbälle)

So geht's: Die Bälle in eine Wanne füllen.

Spielimpuls:

- Das Kind sitzt in diesem Bad und kann nun die unterschiedlichsten taktilen und visuellen Erfahrungen machen. Greifen und Werfen werden zu einem interessanten Spiel.

Musikzelt

Alter:
ab 18 Monaten

Material:
ein Tisch; ein großes Tuch;einfache Instrumente (z. B. Klangstäbe, Rasseln, Schellenkranz); Alltagsmaterialien wie Töpfe, Dosen, Deckel, Pappkartons, Mülleimer, Schütteldosen, Schüttelkisten

So geht's: Ein Tisch wird zu einem „Musikzelt“ umgestaltet: Dazu einfach den Tisch mit einem großen Tuch bedecken und Klanginstrumente in das so entstandene „Zelt“ hineinlegen.

Spielimpuls:

- In diesem Zelt können die Kinder allein oder mit anderen Kindern ungestört die Instrumente erkunden und akustische und haptische Erfahrungen machen.

Bewegungsecke

Alter:
ab 18 Monaten

Material:
unterschiedliche Hocker, Stühle, Matratzen, Bretter, Zweistufenleiter, Decken

So geht's: Die Möbelstücke und Materialien in einer Raumecke oder im Außenbereich aufbauen.

Spielimpuls:

- In diesem Bewegungsbereich können die Kinder krabbelnd, kletternd und hüpfend unterschiedliche Bewegungserfahrungen sammeln.

Kuschelhöhle

Alter:
ab 12 Monaten

Material:
Tücher, verschiedene Kissen, Schaffell oder weiche Decken, evtl. Kuscheltiere

So geht's: Einen Teil des Gruppenraums mit Tüchern abtrennen. Diesen Bereich mit vielen unterschiedlichen Kissen, Schaffellen, Kuscheldecken und evtl. Kuscheltieren auslegen, fertig ist die Kuschelhöhle.

Spielimpuls:

- Die Ecke kann zum Schlafen, Spielen oder Kuscheln genutzt werden.

Tipp:

Damit im Laufe eines aktiven Spielmorgens dem Ruhebedürfnis des Kindes Beachtung geschenkt werden kann, sind kleine Rückzugsorte besonders wichtig.

Kunterbunte Spielideen für drinnen und draußen

In kleinen Gruppen lässt sich gut zuhören und mitmachen. Auch die Kleinsten mögen es, gemeinsam zu spielen, ihre Finger zu bewegen, zu singen, mit den Füßen zu stampfen oder kurze Verse mitzuplappern. Bei kleinen Aktionen wie Fingerspielen, Mitmachversen, Liedern usw. werden die Sinne angesprochen und gefördert. Die kurzen Spielideen können sowohl einer Kleingruppe von sechs bis acht Kindern als auch dem einzelnen Kind viel Freude bereiten.

Fingerspiel: Klatschen kann ich, hör mal zu

Material: keines

Klatschen kann ich, hör mal zu,
klatschen kannst bestimmt auch du.
Nach einer Pause fang ich dann,
wieder froh zu klatschen an.
(Vers wird wiederholt)

Schlussvers:
Klatschen kann ich, hör mal zu,
klatschen kannst bestimmt auch du.
Jetzt bin ich müd und geh nach Hause,
die Hände machen eine Pause.

Spielimpuls:

- Dieses einfache Fingerspiel wird rhythmisch klatschend begleitet. Bei den Pausen und am Ende des Schlussverses die Hände auf die Oberschenkel legen.

Fingerspiel: Der Regenwurm

Material: keines

1. Der Regenwurm, der Regenwurm,
er macht sich auf die Reise,
er kriecht daher, er kriecht daher,
ganz langsam und ganz leise.

2. Er kriecht und kriecht von hier nach dort,
sucht immer einen schönen Ort,
doch ist er müd, macht er sich klein
und kriecht in das Erdloch rein.

Spielimpuls:

- Der Zeigefinger kriecht langsam über den Körper. Bei der zweiten Strophe bleibt er mit leicht drehenden Bewegungen an einer Stelle stehen.

PRAXISTIPP

FINGERSPIELSPASS AKTIV UND PASSIV

Fingerspiele können passiv mit Kindern ab 6 Monaten, aktiv ab 2,5 Jahren durchgeführt werden. Durch diese einfachen kleinen Wortspiele wird die Wahrnehmung visuell, akustisch, kinästhetisch, vestibulär und taktil angesprochen sowie die Mitmachfreude und die Auge-Hand-Koordination der Kleinsten gefördert. Die Strophen können gekürzt oder beliebig oft wiederholt werden.

Fingerspiel: Das Huhn

Material:
keines

1. Das Huhn, es pickt mal hier, mal dort,
das Huhn, es pickt in einem fort,
es pickt und pickt, läuft weg und dann,
fängt es noch mal zu picken an.

2. Das Huhn, es pickt von früh bis spät,
es müde dann nach Hause geht.
Es pickt nicht mehr, es ist nun still,
weil es ganz lange schlafen will.

Spielimpuls:

- Zur ersten Strophe des Fingerspiels läuft der Zeigefinger über den Arm und dann den Körper des Kindes. Immer wieder bleibt er kurz stehen und tippt sanft auf eine Stelle. Bei der letzten Zeile der zweiten Strophe steht der Finger still.

Tipp:

Mit den Fingern über den Boden, die Wand, den Stuhl laufen. Dabei können neue taktile Erfahrungen gemacht werden.

Mitmachvers: Rolle, rolle kleiner Ball

Alter:
ab 10 Monaten

Material:
Weidenkorb mit großen und kleinen Bällen, Luftballons, einige Wasserbälle, großer Sitz- oder Gymnastikball

Spielimpulse:

- Der Korb mit den Bällen steht in der Spielkreismitte. Die pädagogische Fachkraft holt einzelne Bälle heraus und rollt sie über den Boden. Dabei spricht sie immer wieder folgenden Vers. Die Kleinen werden aktiv und krabbeln dem Ball hinterher. Den Vers mehrfach wiederholen.

  Rolle, rolle, kleiner Ball,
  rollen kannst du überall.
  Roll nach hier und da und dort,
  roll ganz schnell von Ort zu Ort.

- **Variationen:**
  - → Das Spiel mit Luftballons oder Wasserbällen durchführen.
  - → Das Spiel mit einem großen Sitz- bzw. Gymnastikball durchführen. Dazu sitzen die Kinder im Kreis und der Ball wird hin und her geschubst.
- **Einzelangebot:** Das Kind wird auf einen Gymnastik- oder Wasserball gelegt und sanft hin und her gerollt, dabei den Vers sprechen.
- **Entspannungsangebot:** Eine Rollmassage mit einem kleinen Ball auf dem Körper des Kindes ausführen.

Mitmachvers: Fleißige Putzhilfen

Alter:
ab 15 Monaten

Material:
verschiedene Putztücher, Schwämme, Bürsten, für jedes Kind einen kleinen Putzeimer und eine Teppichfliese

So geht's: Mit den Teppichfliesen einen Spielkreis legen. Für jedes Kind einen mit Putzutensilien gefüllten Eimer auf eine Fliese stellen.

Spielimpulse:

- Die Kinder können nun den Putzeimer genau untersuchen und mit dem Inhalt experimentieren. Jedes Kind nimmt danach eine Putzhilfe aus dem Eimer und putzt z. B. den Fußboden, den Stuhl, die Wand.
- Die Putzaktion kann mit folgendem, wiederholt gesprochenen Vers begleitet werden. Bei der Schlussstrophe legen die Kinder ihr Putzzeug zurück in den Eimer.

Vers:
Wischi, waschi, hin und her,
das Putzen, das ist gar nicht schwer.

Schlussstrophe:
Wischi, waschi, jetzt ist Schluss,
weil jedes Kind nun ruhen muss.

Fühlspiel: Grasgeheimnisse

Alter:
ab 18 Monaten

Material:
Weidenkorb mit Gras, verschiedene interessante Gegenstände, z. B. Spielzeugtiere oder -autos

So geht's: Die ausgewählten Gegenstände im Korb unter dem Gras verstecken.

Spielimpuls:

- Die pädagogische Fachkraft stellt den Korb vor die Kindergruppe und singt folgenden Vers auf die Melodie von „*Alle meine Entchen*“.

Alle meine Kinder wühlen jetzt im Gras,
wühlen jetzt im Gras,
das Fühlen und das Wühlen,
ja, das macht sehr viel Spaß.

- Dabei können die Kinder wühlen, fühlen, die Gegenstände betrachten und mit Hilfe der pädagogischen Fachkraft benennen. Wurden alle Gegenstände aufgespürt, können die Kinder damit spielen.

Tipp:

Der Korb kann täglich mit neuen Geheimnissen bestückt werden.

Handspaziergang

Alter:
ab 18 Monaten

Material:
Abdeckfolie, Fingerfarbe, Klebeband, Pappteller für die Farbe, Malerkittel, evtl. Rasierschaum, Tapete, Pinsel und Bürsten

So geht's: Wand oder Boden mit Folie abkleben. Etwas Fingerfarbe auf die Teller geben. Den Kindern die Malerkittel anziehen.

Spielimpulse:

- Die Kinder legen eine Hand in den Farbteller und wandern nun mit dieser Farbhand über die Folienwand. Dieser Spaziergang kann mit einem rhythmisch gesprochenen Satz begleitet werden:

  „Pitsche, patsche, hin und her,
  das mögen diese Hände sehr."

  Der Satz kann beliebig oft wiederholt werden.

- **Variationen:**
  - → Interessante taktile Erfahrungen vermittelt auch ein Handspaziergang mit Rasierschaum.
  - → Auf die Folienwand Tapetenstreifen kleben, sodass bleibende Handspuren entstehen.
  - → Mit verschiedenen Pinseln oder Bürsten (z.B. Pilzpinsel, Handbürste, Topfbürste) auf der Folie oder dem Papier Spuren hinterlassen.

Bilder betrachten

Alter:
ab 18 Monaten

Material:
Fotos des spielenden Kindes und der Familienmitglieder, Laminiergerät

So geht's: Die Bilder vergrößern, laminieren und im Portfolio-Ordner abheften bzw. zu einem kleinen Bilderbuch zusammenbinden. Bitte hierbei die Ecken der laminierten Bilder abrunden.

Spielimpuls:

- Die Bilder gemeinsam betrachten. Durch den Wiedererkennungswert wecken sie großes Interesse bei dem einzelnen Kind. Über die abgebildeten Spielsituationen oder Personen sprechen und erzählen.

Lebendiges Bilderbuch

Alter:
ab 2 Jahren

Material:
Korb, Tuch, unterschiedliche Gegenstände aus der Umgebung wie Tasse, Puppe, Auto, Ball, Jacke usw.

Spielimpulse:

- Das Tuch liegt ausgebreitet auf dem Boden, die Gegenstände werden nach und nach auf das Tuch gelegt und dabei benannt. Das Kind nimmt einen Gegenstand in die Hand und benennt ihn, evtl. mit Hilfe der pädagogische Fachkraft.
- Dazu werden passende Bewegungen und Geräusche gemacht, um die neuen Begriffe zu vertiefen.
- So wird alles, was auf dem Tuch liegt, gezeigt, benannt und in Bewegung und Geräuschen dargestellt.

Kapitel 3

Wahrnehmungsförderung im Spielkreis

Gemeinsam in einem Kreis zu spielen ist für die Entwicklung des Gemeinschaftsgefühls für Kleinstkinder von großer Bedeutung. Durch einfache, wahrnehmungsorientierte Spielimpulse wird ihre Neugierde geweckt und ihr Interesse mitzumachen angeregt. Sie hören zu, schauen zu und fühlen sich in der kleinen Spielgemeinschaft angenommen. Deshalb ist das Treffen morgens oder mittags in einem Kreis auch schon für die Jüngsten ein sinnvolles Ritual.

In diesem Kapitel dreht sich alles um einfache Ideen für den Spielkreis: Es geht um erste Aktionen in der Kleingruppe, die zum Beispiel im Morgenkreis zum Einsatz kommen können. Fingerspiele, Lieder, rhythmische Verse, kleine Mitmach- und Bewegungsimpulse und Kreativangebote unterstützen die Kleinsten mit viel Spaß in ihrer Wahrnehmung und ganzheitlichen Entwicklung. Außerdem finden Sie Ideen für sinnvolle Tagesrituale, für die Begrüßung, zum Abschied oder zum Entspannen. Alle Angebote sind drinnen wie draußen ein (Sinnes-)Erlebnis.

Spiele und Angebote zur ganzheitlichen Förderung

Bei den Spielen im Spielkreis werden die Kinder nach ihren Fähigkeiten und Bedürfnissen aktiv in das Spiel einbezogen. Sie können mitklatschen, mitstampfen, sich zu den Texten bewegen und mit viel Spaß und Freude ganzheitliche Erfahrungen machen. Sie lernen dabei ihre Fähigkeiten kennen, lernen mitzumachen, Spielanweisungen auszuführen, miteinander zu kommunizieren und dabei ihre Sinne einzusetzen. Ältere Kinder und evtl. eine zweite pädagogische Fachkraft können die Jüngsten beim Mitmachen unterstützen.

Tastspiel: Die Fühlwiese

Alter:
ab 12 Monaten

Material:
Spielmaterialien aus dem Umfeld des Kindes wie Teddy, Wäscheklammer, Ball, Puppe, Badeente usw.; ein leichtes grünes Tuch

Spielimpulse:

- Die Spielmaterialien liegen mit einem Tuch abgedeckt in Kreismitte. Die Kinder werden mit Hilfe des folgenden Verses eingeladen, unter das Tuch zu fassen, zu ertasten, was darunter liegt, und einen interessanten Gegenstand hervorzuholen.

  Schau, was ich heut hier verstecke,
  unter dieser schönen Decke,
  Teddys, Autos und noch mehr,
  komm, mach mit und hol es her.

- Der Gegenstand wird dann von der pädagogischen Fachkraft (oder einem älteren Kind) benannt. Mit den Spielzeugen kann anschließend gemeinsam gespielt werden.
- **Variation:** Mit älteren Kindern die einzelnen Gegenstände jeweils einem bestimmten Themenkreis zuordnen, z.B. Tiere, Fahrzeuge, Sandspielzeug usw.

Bewegungsspiel: Hoch und runter

Alter:
ab 12 Monaten

Material:
große Decke; evtl. ein Teddy; ein leichtes, größeres Tuch; für jedes Kind ein Stöckchen

So geht's: Die Kinder sitzen auf der Decke und lauschen dem folgenden Vers. Sie sind eingeladen, bei den vorgestellten Bewegungen mitzumachen.

Hoch und runter, hoch und runter,
meine Hände sind ganz munter.
Hoch und runter ohne Ruh,
geht es heute immerzu.

Spielimpulse:

- Die pädagogische Fachkraft spricht den Vers und hebt dabei dem Text entsprechend ihre Hand in die Luft und legt sie wieder auf den Schoß. Dann spielt sie den Vers mit der anderen Hand und zum Schluss mit beiden Händen. Sie motiviert hierbei die Kinder mit expressiver Mimik und Gestik zum Mitmachen.
- **Variationen:**
  - → Die Kinder gehen in die Hocke und kommen wieder hoch.
  - → Die Kinder bekommen ein Stöckchen in die Hand und bewegen es dem Text entsprechend.
- **Für ältere Kinder:** Sie halten gemeinsam ein Tuch fest, auf dem ein Teddy liegt. Das Tuch wird bewegt und die pädagogische Fachkraft spricht den Text dazu.

Hörspiel: Tick-tack, so macht die Uhr

Alter:
ab 2 Jahren

Material:
Schuhkarton, ein laut tickender Wecker

So geht's: Den Wecker in den Schuhkarton legen.

Spielimpuls:

- Die Kinder sitzen im Kreis und werden eingeladen, den Schuhkarton zu öffnen.
- Die pädagogische Fachkraft hält jedem Kind den Wecker an das Ohr und die Kinder lauschen dem Ticken.
- Anschließend spricht sie den folgenden Vers und bewegt bei den Worten „Tick-tack" ihren Zeigefinger von links nach rechts.

Tick-tack, tick-tack, so macht die Uhr,
tick-tack, tick-tack, so macht sie nur.
Tick-tack, tick-tack, sie will schnell gehn,
tick-tack, tick-tack, sie bleibt jetzt stehn.

- Beim zweiten Aufsagen des Verses sprechen die Kinder, so gut sie können, mit und spielen die Zeigerbewegung mit verschiedenen Körperteilen nach. Sie bewegen den Zeigefinger, die Hand, den Kopf oder den Körper hin und her.

Mitmachlied: Hör gut zu

Alter:
ab 2 Jahren

Material:
Decke, Stofftiere wie Hund, Katze, Maus, Korb mit Gras

Spielimpuls:

- Die Kinder sitzen im Kreis auf der Decke. Die pädagogische Fachkraft stellt den Korb in die Mitte und verkündet, dass im Korb unter dem Gras Kuscheltiere schlafen. Sie bittet ein Kind, in den Korb zu greifen und ein Kuscheltier aus dem Gras zu holen.
- Gemeinsam wird das Tier benannt und das passende Geräusch zum Tier gemacht.
- Anschließend bewegen sich die Kinder wie das Tier und machen hierbei das passende Tiergeräusch.
- Die pädagogische Fachkraft singt dazu die jeweils die entsprechende Strophe nach der Melodie *„Alle meine Entchen“.*

Alle kleinen Hunde
laufen froh umher,
laufen froh umher,
bellen immer wieder,
das mögen sie so sehr.

Alle kleinen Mäuse
laufen froh umher,
laufen froh umher,
piepsen immer wieder,
das mögen sie so sehr.

Alle kleinen Katzen
laufen froh umher,
laufen froh umher,
miauen immer wieder,
das mögen sie so sehr.

- Nach und nach werden so die Tiere aus dem Korb geholt und dargestellt.
- **Abschluss:** Sind alle Strophen gesungen, werden die Tiere zurück in das Grasbett gelegt.

Instrumentenkiste

Alter:
ab 18 Monaten

Material:
2 Körbe, 2 Tücher, pro Kind ein Glockenstab und eine Rassel

So geht's: Die Instrumente mit einem Tuch abgedeckt in die Körbe legen und in die Kreismitte stellen.

Spielimpuls:

- Die Kinder befühlen einzeln die Gegenstände unter dem Tuch und holen sich ein Instrument aus dem Korb.
- Die pädagogische Fachkraft benennt diese.
- Haben alle ein Instrument, dann spielt jeder nach Lust und Laune.
- Danach singt die pädagogische Fachkraft ein bekanntes Lied und die Kinder begleiten es auf ihrem Instrument (z. B. „*Alle meine Entchen*").

PRAXISTIPP

DIE KREISMITTE GESTALTEN

Der Treffpunkt im Kreis kann mit einer Decke angezeigt werden, vielleicht möchte auch jedes Kind seinen eigenen Platz einnehmen – auf einem Kissen oder einer Teppichfliese. Mit einem Tuch abgedeckte Gegenstände in der Kreismitte, die für das Angebot benötigt werden, wecken die Neugier und laden ein zum Entdecken und Spielen.

Darstellungsspiel: Der Waschvers

Alter:
ab 18 Monaten

Material:
Weidenkorb, für jedes Kind einen Waschhandschuh

So geht's: Die pädagogische Fachkraft stellt einen Weidenkorb mit Waschhandschuhen in die Mitte.

Spielimpuls:

- Die Kinder nehmen sich einen Waschhandschuh und werden eingeladen, sich damit trocken zu „waschen“. Jeder wäscht seinen Bauch, seine Arme usw. Die pädagogische Fachkraft spricht dazu folgende Verse.

Hände *waschen ist nicht schwer,*
immer geht es hin und her,
hin und her, hin und her,
Hände waschen ist nicht schwer,

Bäuchlein *waschen ist nicht schwer,*
immer geht es hin und her,
hin und her, hin und her,
Bäuchlein waschen ist nicht schwer.

Wangen *waschen ist nicht schwer,*
immer geht es hin und her,
hin und her, hin und her,
Wangen waschen ist nicht schwer.

Füße *waschen ist nicht schwer,*
immer geht es hin und her,
hin und her, hin und her,
Füße waschen ist nicht schwer.

Tipp:

Die Kinder können dieses Spiel auch im Waschraum mit warmem Wasser erleben. Die Verse unterstützen das nasse Erlebnis.

Sinneswanderung – eine besondere Aktion

Alter:
ab 2 ½ Jahren

Material:
Becher in verschieden Größen; Handtücher; einige Matratzen und Luftmatratzen; einige Trommeln, Rasseln, Klangstäbe; Töpfe und Kartons; einige Schlagstäbe wie Kochlöffel oder dünne Hölzer; einige Töpfe, Eimer, Becher und Schüsseln; evtl. Badekleidung

So geht's: Die einzelnen Sinnesstationen in den Räumen werden altersentsprechend geplant und vorbereitet. Es sollten mindestens zwei Erwachsene bei diesem größeren Angebot dabei sein, um die Kinder zu unterstützen. Wie viele Stationen angeboten werden, muss vorher gut überlegt werden (Fähigkeiten, Interessen und Bedürfnisse der Kinder, Betreuungsmöglichkeiten etc.).

Spielimpulse:

- Zwei pädagogische Fachkräfte stellen sich mit der kleinen Kindergruppe in einer Schlange an der Gruppentür auf. Jüngste Kinder können auch auf dem Arm getragen werden. Die pädagogische Fachkraft, die vorne langsam vorausgeht und den Weg der Wanderung weist, lädt mit einem Lied zu einer besonderen Sinneswanderung ein (Melodie: *„Hänsel und Gretel"*). Die Wanderung führt jeweils zu vorbereiteten Sinnesecken oder in Räume, in denen vorbereitete Sinnesspiele auf die Kinder warten. Immer wieder wird das Lied gesungen, das die Kinder zu dieser Wanderung einlädt.

Wir wollen gehen
nach hier und da und dort.
Wir wollen gehen
zu einem schönen Ort.
Kommt mit mir auf die Reise,
sie wird bestimmt sehr schön.
Fasst euch an die Hände,
dann können wir schon gehn.

Beispiele für die Stationsspiele:

- Bewegungsraum: In einer Hüpflandschaft aus Matratzen wird gehüpft.
- Musikraum: Mit einfachen Instrumenten wie Trommeln, Klanghölzern und Rasseln sowie Utensilien wie Töpfen, Pappkartons können die Kinder ein bekanntes Lied begleiten.
- Küche: Verschiedene Obst- und Gemüsestreifen sowie andere kindergerechte Speisen von süß über salzig und sauer werden hier genüsslich verzehrt.
- Spielplatz: Auf dem Spielplatz spielen die Kinder im Sand. Sie füllen den Sand mit den Händen in Töpfe, Becher, Eimer und Schüsseln. Sind alle Behältnisse gefüllt, geht es zur nächsten Sinnesstation.
- Waschraum: Das Element Wasser wird warm und kalt an den Händen, Füßen und evtl. in Badekleidung am ganzen Körper erlebt.
- Schlafraum: Hier ruhen sich die Kinder von der langen Wanderung aus und bekommen noch eine Geschichte vorgelesen oder ein Lied vorgesungen. Hierzu werden sie leicht massiert.

Bewegungsspiel: Krabbelkinder

Alter:
ab 12 Monaten

Material:
eine grüne Decke; Matratzen, Kissen, evtl. Turnmatten

So geht's: Einen Krabbelkreis im Gruppenraum aufbauen. Ältere Kinder können beim Aufbau helfen.

Spielimpuls:

- Die Kinder setzen sich auf die grüne Decke, sie symbolisiert eine grüne Wiese. Die pädagogische Fachkraft lädt die Kinder zu einer Krabbelreise ein. Diese kann über Matratzen, Kissen und Matten führen.
  Die pädagogische Fachkraft unterstützt die Reise mit dem Vers, den sie mal schnell, mal langsam, mal laut und mal leise spricht. Sie wiederholt ihn immer wieder. Will sie die Krabbelreise beenden, dann spricht sie die Schlussstrophe und alle treffen sich wieder auf der grünen Decke.

Vers:
Krabbelkinder machen leise
eine weite Krabbelreise,
krabbeln hin und krabbeln her,
ja, das ist für sie nicht schwer.

Schlussstrophe:
Krabbelkinder machen leise
eine weite Krabbelreise,
krabbeln müde nun nach Haus,
ruhen sich vom Krabbeln aus.

Fingerspiele und noch mehr

Fingerspiele können den Kleinsten im Morgenkreis, aber auch als Angebot zwischendurch viel Freude bereiten. Sie unterstützen die visuelle und akustische Aufmerksamkeit sowie die Auge-Hand-Koordination, wecken die Mitmachfreude und erweitern den Wortschatz. Auf die Sprechmelodie, die ein Fingerspiel begleitet, reagiert schon der Säugling mit großer Aufmerksamkeit. Selbst mitmachen ist noch nicht möglich, aber zuhören und zuschauen! Fingerspiele können jeweils dem Alter der Kinder entsprechend verändert bzw. gekürzt werden. Aus der Vielzahl der Fingerspiele – die Auswahl ist riesig –, habe ich praxiserprobte Hits für die Jüngsten ausgewählt.

Die eine Hand, die winkt dir zu

Material: keines

Die eine Hand, die winkt dir zu,	*Mit einer Hand winken,*
jetzt, da legt sie sich zur Ruh.	*die Hand auf den Oberschenkel legen,*
Die andere Hand, die winkt dir zu,	*mit der anderen Hand winken,*
jetzt, da legt sie sich zur Ruh.	*die Hand auf den Oberschenkel legen,*
Mit beiden Händen wink ich schnell	*mit beiden Händen winken,*
und verschwinde auf der Stell.	*Hände auf den Rücken legen.*

Guten Tag, ich heiße Hand

Material: keines

Guten Tag, ich heiße Hand,	*Eine Hand zeigen,*
ich bin hier jedem wohlbekannt.	
Fünf Finger meine Freunde sind,	*mit den Fingern wackeln,*
die kennt auch ein jedes Kind.	
Sie können sich strecken und	*die Finger entsprechend bewegen,*
auch winken	
und auch ganz, ganz tief versinken.	*langsam die Finger beugen,*
Jetzt liegen sie still und wollen ruhn	*Hand auf den Schoß legen.*
und ganz lange nichts mehr tun.	

Hinweis: Der Vers kann anschließend mit der anderen Hand gespielt werden. Dann lautet die Schlussstrophe:

Zehn Finger wollen Freunde sein,	*Finger zeigen,*
sie lassen sich niemals allein.	*Hände zusammenlegen,*
Sie können sich strecken und	*die Bewegungen mit beiden Händen*
auch winken	*machen,*
und auch ganz, ganz tief versinken.	*die Finger entsprechend bewegen,*
Jetzt liegen sie still und wollen ruhn	*die Hände auf den Schoß legen.*
und ganz lange nichts mehr tun.	

Meine Finger, die sind fort

Material: keines

Meine Finger, die sind fort	*Hände auf den Rücken legen,*
an einem ganz versteckten Ort.	
Doch hokus, pokus, eins, zwei, drei,	
kommen sie geschwind herbei.	*Hände zeigen,*
Sie zappeln munter hin und her,	*mit den Fingern zappeln,*
doch jetzt wollen sie nicht mehr.	*Hände ruhig halten,*
Meine Finger, die sind fort	
an einem ganz versteckten Ort	*Hände auf den Rücken legen.*

Variationen:

Sie zappeln munter auf und ab,	*Mit den Fingern zappeln,*
doch jetzt sind sie müd und schlapp.	*Hände stillhalten,*
Sie zappeln munter rundherum	*mit den Fingern im Kreis zappeln,*
und fallen plötzlich müde um.	*Hände auf den Schoß legen.*

Schau dir meinen Finger an

Material: keines

Schau dir meinen Finger an, was er so alles machen kann.	*Zeigefinger zeigen,*
Er winkt dir zu, kommt langsam an	*Finger auf und ab bewegen,*
und tippt auf deine Nase dann.	*auf die Nase tippen,*
Er geht jetzt zu deinem Bauch	*auf den Bauch tippen,*
und zu deinen Armen auch.	*auf die Arme tippen,*
Er geht nun zu deinem Fuß und schickt ihm einen lieben Gruß.	*auf den Fuß tippen,*
Jetzt läuft er schnell	*schnell mit dem Finger über den Körper laufen,*
und ist dann fort	*Finger vom Körper nehmen,*
und winkt von einem fernen Ort.	*aus der Ferne den Finger auf und ab bewegen.*

Regentropfenreise

Material: keines

Aus den Wolken machen leise	*Mit den Fingern zappeln,*
Regentropfen eine Reise.	
Sie fallen sanft auf meinen Kopf,	*sanft auf den Kopf klopfen,*
dort macht es dann tropf, tropf, tropf.	
Auf die Nase, Arme und den Bauch	*sanft auf Nase, Arm und Bauch klopfen,*
fallen die Regentropfen auch.	
Die Sonne, die kommt auch ganz leise,	*die Finger einer Hand ausstrecken*
macht am Himmel ihre Reise.	*und nach oben wandern,*
Sie trocknet mich von Kopf bis Fuß,	*mit flachen Händen vom Kopf bis zu den Füßen streichen,*
zum Dank schicke ich ihr einen Gruß.	winken.

Kurz & knapp

Warum Wiederholungen so wichtig sind

Noch mal, noch mal! Das ein oder andere Fingerspiel würden Kinder gern unendlich oft wiederholen. Weil es Spaß macht, klar. Aber Wiederholungen bieten auch einen sicheren Rahmen, in dem die Kinder agieren können, um bspw. das Erleben von Sprache und Sprechen in Verbindung mit Bewegungen zu vertiefen. Im Rahmen des Vertrauten können sie schrittweise für sich selbst in ihrem Tempo Neues entdecken und erproben.

Ich habe eine Nase

Material: keines

Ich habe eine Nase,	*Mit den Fingern auf die Nase zeigen,*
ich habe einen Bauch,	*auf den Bauch zeigen,*
ich hab zwei schöne Hände,	*auf die Hände zeigen,*
zwei Füße hab ich auch.	*auf die Füße zeigen,*
Ich habe auch zwei Augen,	*auf die Augen zeigen,*
die schauen hin und her.	*nach links und rechts schauen,*
Ich habe auch zwei Ohren,	*auf die Ohren zeigen,*
die hören nun nichts mehr.	*Ohren zuhalten,*
Ich mag mich gern und streichle	
vor Freude meinen Bauch.	*den eigenen Bauch streicheln,*
Ich ruh mich aus, bin leise	*den Kopf auf die Hände legen,*
und müde bin ich auch.	*gähnen.*

Tipp:

Im Freispiel kann die pädagogische Fachkraft den Vers am Körper des Kindes darstellen. Dann wird er ein wenig verändert und das Kind direkt angesprochen: „Du“ hast eine Nase, „Du“ hast einen Bauch usw.

Viele kleine Frösche, die hüpfen froh umher

Material: keines

Viele kleine Frösche, die hüpfen froh umher, sie springen und sie springen, das ist für sie nicht schwer.	*Mit den Fingern einer Hand Krabbelbewegungen machen,* *die Hand auf den Rücken legen.*
Viele kleine Fische, die schwimmen froh umher, sie schwimmen und sie schwimmen, das ist für sie nicht schwer.	*Mit den Fingern der anderen Hand Krabbelbewegungen machen,* *die Hand auf den Rücken legen.*
Viele kleine Käfer, die krabbeln hin und her, sie krabbeln und sie krabbeln, das ist für sie nicht schwer.	*Mit beiden Händen krabbeln,* *die Hände auf den Rücken legen.*

Die Käfermama geht allein

Material: keines

Die Käfermama geht allein	*Mit den Fingern einer Hand Krabbel-*
in die weite Welt hinein.	*bewegungen machen,*
Sie krabbelt froh geradeaus,	
sie krabbelt nun zurück nach Haus.	*die Hand auf den Rücken legen.*
Der Käferpapa geht allein	*Mit den Fingern der anderen Hand*
in die weite Welt hinein.	*Krabbelbewegungen machen,*
Er krabbelt froh geradeaus,	
er krabbelt nun zurück nach Haus.	*die Hand auf den Rücken legen.*
Die Käferkinder gehn allein	*Mit beiden Händen krabbeln,*
in die weite Welt hinein.	
Sie krabbeln froh geradeaus,	
sie krabbeln nun zurück nach Haus.	*die Hände auf den Rücken legen.*

Die Finger sind ganz kleine Käfer

Material: keines

Die Finger sind ganz kleine Käfer, sie krabbeln ganz schnell hin und her. Sie krabbeln vor und auch zurück, sie krabbeln langsam Stück für Stück.	*Mit den Fingern schnell über den Körper krabbeln,*
Ganz müde krabbeln sie nach Haus und ruhen sich dort lange aus.	*die Finger langsam anheben und auf den Rücken legen.*
Die Finger sind ganz kleine Schnecken, sie kriechen langsam hin und her. Sie kriechen vor und auch zurück, sie kriechen langsam Stück für Stück.	*Mit den Fingern langsam über den Körper streichen,*
Ganz müde kriechen sie nach Haus und ruhen sich dort lange aus.	*die Finger langsam vom Körper ziehen und auf den Rücken legen.*
Die Finger sind ganz kleine Frösche, sie hüpfen lustig hin und her. Sie hüpfen vor und auch zurück,	Mit den Fingern über den Körper hüpfen,
sie hüpfen langsam Stück für Stück. Ganz müde hüpfen sie nach Haus und ruhen sich dort lange aus.	die Finger hüpfen immer langsamer und schließlich vom Körper weg.

Schnapp-Schnapp, das kleine Vogelkind

Material: keines

Schnapp-Schnapp, das kleine Vogelkind,
macht seinen Schnabel auf geschwind.
Es hat Hunger, schnappt umher,
es hat im Nest kein Futter mehr.

Zeigefinger und Daumen aufeinanderlegen und diese wiederholt öffnen und schließen.

Schnapp-Schnapp, das kleine Vogelkind,
macht seinen Schnabel auf geschwind.
Die Mutter kommt und füttert schnell
das Vogelkind jetzt auf der Stell.
Schnapp-Schnapp, das kleine Vogelkind
macht nun den Schnabel zu geschwind.

(wie oben)

PRAXISTIPP

KREATIVE FINGERSPIELE

Ist den Kindern ein Fingerspiel gut bekannt, können die Finger auch über den Tisch, den Stuhl, die Wand, den Fußboden oder den Körper laufen. Um Farbspurenbilder zu erhalten, werden die Finger in Farbe getaucht, die Fingerbewegungen auf Papier gespielt und die Fingerspiele somit kreativ dargestellt. Fingerspiele laden auch zu Körperwahrnehmungsspielen ein. Die Finger können hierzu sanft, dem Text entsprechend, am eigenen Körper oder dem Körper des Gegenübers entlangwandern.

Sinn-volle Tagesrituale

Rituale sind gerade für die Kleinsten eine wichtige Stütze, um sich im Alltag zurechtzufinden. Sie geben den Kindern Sicherheit, helfen ihnen, den Ablauf des Tages zu verstehen und erleichtern die kleinen Übergänge: ob beim Ankommen, Aufräumen, Zur-Ruhe-Kommen oder beim Abschiednehmen am Ende des Tages.

Begrüßungslied: Guten Tag, guten Tag

Alter:
ab 2 Jahren

Material:
keines

Spielimpuls:

- Die Kinder stehen oder sitzen zusammen im Kreis. Die pädagogische Fachkraft singt das Lied – nach der Melodie *„Hänschen klein, ging allein"* – die Kinder klatschen mit.

Guten Tag, guten Tag, wir wünschen einen guten Tag,
du bist hier, ich bin hier, spielen wollen wir.
Lasst uns heute fröhlich sein, dazu lade ich euch jetzt ein.
Guten Tag, guten Tag, wir sagen guten Tag.

Begrüßungsvers: Alle klatschen

Alter:
ab 2 Jahren

Material:
keines

Spielimpuls:

- Die Kinder stehen im Kreis. Die pädagogische Fachkraft spricht die folgenden Verse und die Kinder machen aktiv die Bewegungen mit.

1. Alle klatschen, *schaut euch an,*
wie gut ein jedes Kind das kann.

2. Alle stampfen, *schaut euch an,*
wie gut ein jedes Kind das kann.

3. Alle laufen, *schaut euch an,*
wie gut ein jedes Kind das kann.

4. Alle krabbeln, *schaut euch an,*
wie gut ein jedes Kind das kann.

5. Alle sitzen, *schaut euch an,*
wie gut ein jedes Kind das kann.

6. Alle fassen *sich nun an,*
so wie ein jedes Kind es kann.

7. Alle rufen: „Guten Tag“,
so laut wie jedes Kind es mag.

Tipp:

Es können Strophen hinzugefügt oder weggelassen werden. Die letzten beiden Strophen sollten jedoch immer gesprochen werden, da sie zu einer netten Begrüßung beitragen.

Aufräumlied: Alle Kinder räumen

Alter:
ab 2 Jahren

Material:
keines

Spielimpuls:

- Dieses Lied (nach der Melodie: „*Alle meine Entchen*“) kann während des Aufräumens gesungen und mehrmals wiederholt werden.

Alle Kinder räumen, räumen alles fort, räumen alles fort, tragen alle Sachen jetzt gleich an ihren Ort.

PRAXISTIPP

AUFRÄUMZEIT

Ein tägliches Ritual, das das Aufräumen einleitet, gibt den Kindern Struktur und Halt. Der Klang einer Zimbel oder eines Gongs kann z. B. als Signalton für das Aufräumen stehen. Mit Hilfe der pädagogischen Fachkraft kann ein Kind, dem das Ritual vertraut ist, den Gong anschlagen. Auch kurze, leicht verständliche Lieder können den Übergang zu einem neuen Tagesabschnitt ankündigen. Jedem Kind sollte nach dem Aufräumsignal noch etwas Zeit gegeben werden, damit es die angefangene „Arbeit“ zu Ende zu bringen kann.

Aufräumlied: Die Spielzeit

Alter:
ab 2 Jahren

Material:
keines

So geht's: Ist es Zeit zum Aufräumen, kann das folgende Lied – gesungen zur Melodie *„Die Vogelhochzeit“* – jeweils diese Phase einläuten. Die Strophen 3. und 4. können nach dem Aufräumen gesungen werden, wenn alle zum Abschlusskreis zusammenkommen.

1. Die Spielzeit, ja die ist gleich aus,
dann gehen alle froh nach Haus.
Refrain: Fideralala, fideralala, fiderallalalala.

2. Räumt alles in die Kisten ein,
das können Kinder groß und klein
Refrain: Fideralala …

3. Dann setzen wir uns in den Kreis,
das geht ganz flink und auch ganz leis.
Refrain: Fideralala …

4. Dort schenken wir uns dann zum Schluss
noch einen kleinen Abschiedsgruß.
Refrain: Fideralala …

Ruhenische

Alter:
ab 6 Monaten

Material:
mehrere Matratzen, einfarbige Bettbezüge, Kopfkissen, Gardine oder Vorhang, Gardinenleiste, Nähmaschine

So geht's: Gestalten Sie in einer freigeräumten Ecke des Gruppenraums mit vielen Matratzen, die mit einfarbigen Bettbezügen überzogen sind, sowie großen und kleinen Kissen eine große Ruhenische. Bitten Sie die Eltern um Mithilfe. Lassen Sie sich einen Vorhang für diese Ecke nähen und bringen Sie diesen gemeinsam mit den Eltern unter der Decke an. Mit zugezogenem Vorhang ist diese Ecke eine sehr begehrte Rückzugsinsel.

Spielimpuls:

- In dieser kuscheligen Nische ruhen sich die Kinder z. B. nach dem Aufräumen ein wenig aus. Hier kann die pädagogische Fachkraft eine kurze Geschichte erzählen, den Kleinen eine Massage geben oder gemeinsam mit ihnen ein ruhiges Lied singen.

PRAXISTIPP

ZUR RUHE KOMMEN

Ein wichtiger Abschnitt am Tag sind ritualisierte Ruheeinheiten. Sie geben dem Kind Zeit zum Krafttanken, um einen neuen Tagesabschnitt energievoll anzugehen. Es ist auch wichtig, bei der Raumgestaltung kleine Ruhezonen einzuplanen. Hier kann sich jedes Kind nach Bedarf zurückziehen, oder aber mehrere oder alle Kinder können hier nach einer anstrengenden Aktion ein wenig pausieren.

Abschiedslied: Alle Kinder gehen nach Hause

Alter:
ab 2 Jahren

Material:
keines

Spielimpuls:

- Dieses Lied nach der Melodie „*Taler, Taler, du muss wandern*“ kann zum Abschied gesungen und mehrmals wiederholt werden.

1. Alle Kinder gehn nach Hause,
machen eine lange Pause,
morgen sind sie wieder da,
rufen dann ganz laut: „Hurra“.

2. Kommt, wir reichen uns die Hände,
denn der Tag geht nun zu Ende,
sagen froh: „Auf Wiedersehn“,
dieser Tag, er war sehr schön.

PRAXISTIPP

ABSCHIED NEHMEN

Genauso wichtig wie eine gemeinsame Begrüßung ist die gemeinsame Verabschiedung. Das Kleinkind kann durch ritualisierte Spiele und Lieder bewusst Abschied nehmen und sich auf die Eltern freuen. Die etwas älteren Kinder machen schnell mit und die Kleinen nehmen passiv teil. Auch hier können sie auf dem Arm oder im Tragetuch mit dabei sein.